Impressum
Verlag: BABADADA GmbH, Nedderfeld 112 , 22529 Hamburg
Geschäftsführer / Verlagsleitung: Harald Hof
Druck: Books on Demand GmbH, In de Tarpen 42, 22848 Norderstedt

Imprint
Publisher: BABADADA GmbH, Nedderfeld 112 , 22529 Hamburg, Germany
Managing Director / Publishing direction: Harald Hof
Print: Books on Demand GmbH, In de Tarpen 42, 22848 Norderstedt, Germany

école

sekoly

salle de classe
efitrano fianarana

diviser
mizara

186/2

tableau noir
solaitrabe

cour de récréation
tokontanin-tsekoly

enseignant
mpampianatra

papier
taratasy

écrire
manoratra

stylo
penina

bureau
latabatra

règle
fitsipika

livre
boky

élève
ankizy mpianatra

sac d'école

kitapo

trousse

torosy

crayon

pensilihazo

taille-crayon

fandrangitana pensilihazo

gomme

gaoma

carnet à dessin

karne fanaovana sary

dessin
sary

pinceau
borosy fandokoana

boîte de peinture
boaty loko

ciseaux
hety

colle
lakaoly

cahier d'exercices
kahie fampiasàna

tâches
enti-mody

chiffre
tarehi-marika

additionner
manampy

soustraire
manala

multiplier
mampitombo

calculer
mikajy

lettre
taratasy

alphabet
abidia

mot
teny

école - sekoly

3

texte

lahatsoratra

lire

mamaky

craie

tsaoka

leçon

lesona

livre de classe

boky fianarana

examen

fanadinana

certificat

sertifikà

uniforme scolaire

fanamian'ny mpianatra

formation

fiofanana

lexique

raki-pahalalana

université

oniversite

microscope

mikraoskaopy

carte

sarintany

corbeille à papier

fanariana fako taratasy

hôtel
hôtely

auberge
tranom-bahiny

bureau de change
toerana fanakalozana vola

valise
valizy

voiture
fiara

langue

fiteny

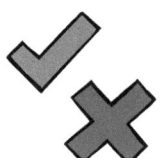

oui / non

eny / tsia

d'accord

Eny àry

Salut

salama

interprète

mpandika teny

merci

Misaotra

Combien coûte...?	Je ne comprends pas	problème
ohatrinona...?	Tsy azoko izany	olana
Bonsoir!	Bonjour!	Bonne nuit!
Salama ô!	Arahaba tra-maraina e!	Tsara mandry ô!
Au revoir	direction	bagages
veloma	fitantanana	entan'ny mpandeha
sac	sac-à-dos	hôte
harona	kitapo	vahiny
pièce	sac de couchage	tente
efitrano	fandriana enti-tànana	tanty

office de tourisme	plage	carte de crédit
birao miandraikitra ny fizahantany	moron-tsiraka	fahana amin'ny karatra
petit-déjeuner	déjeuner	dîner
sakafo maraina	sakafo atoandro	sakafo hariva
billet	ascenseur	timbre
tapakila	ascenseur	hajia
frontière	douane	ambassade
tany manasaraka	fadin-tseranana	ambasady
visa	passeport	
visa	pasipaoro	

transport
fitaterana

avion
fiara-manidina

navire
sambo

véhicule de pompiers
fiaran'ny mpamonjy voina

bus
fiara fitateram

camion
kamiao

au à moteur
na aingam-pandeha

bicyclette
bisikileta

voiture
fiara

ferry
sambobe

barque
sambo

moto
môtô

voiture de police
fiaran'ny polisy

voiture de course
fiara mpihazakazaka

voiture de location
fiara fanofa

8   transport - fitaterana

autopartage

zara fiara

dépanneuse

fiara etsy babeko

benne à ordures

fiara mpitatitra fako

moteur

môtera

essence

solika

station d'essence

tobin-tsolika

panneau indicateur

tondro fifamoivoizana

trafic

fifamoivoizana

embouteillage

fitohanan'ny fifamoivoizana

parking

fitobian'ny fiara

gare

fiantsonan'ny fiaran-
dalamby

rails

lalamby

train

fiaran-dalamby

tram

tramway

wagon

kalesy

hélicoptère

angidimby

aéroport

seranam-piaramanidina

tour

tilikambo

passager

mpandeha

container

kaontenera

carton

baoritra

chariot

chariot

corbeille

harona

décoller / atterrir

miainga / midina

ville

renivohitra

village

ambanivohitra

centre-ville

afovoan-tanàna

maison

trano

cinéma
sinemà

publicité
dokambarotra

réverbère
jiro an-dalambe

rue
arabe

taxi
fiarakaretsaka

kiosque
kioska

piéton
mpandeha an-tongot

trottoir
sisinabo

passage piéton
lalana ho an'ny mpandeha an-tongotra

poubelle
dabam-pako

feux de circulation
jiro amin'ny fifamoivoizana

cabane

trano bongo

appartement

tranobe

gare

fiantsonan'ny fiaran-dalamby

mairie

firaisana

musée

donia

école

sekoly

université

oniversite

banque

banky

hôpital

hopitaly

hôtel

hôtely

pharmacie

farmasia

bureau

birao

librairie

fivarotam-boky

magasin

fivarotana

fleuriste

mpivarotra voninkazo

supermarché

supermarché

marché

tsena

grand magasin

tranobe fivarotana

poissonnerie

mpivarotra trondro

centre commercial

toeram-pivarotana lehibe

port

seranana

parc

valan-javaboary

banque

latabatra

pont

tetezana

escaliers

totohatra

métro

metrô

tunnel

tonelina

arrêt de bus

fiantsonan'ny fiara
mpitondra olona

bar

bara

restaurant

toeram-pisakafoanana

boîte à lettres

boatin-taratasy paositra

panneau indicateur

famantarana an-arabe

parcomètre

parcmètre

zoo

valan-javaboary

réverbère

dobo filomanosana

mosquée

moskea

ferme

toeram-pambolena

pollution

loto

cimetière

fasana

église

trano fiangonana

aire de jeux

tokontany filalaovana

temple

tempoly

paysage

endritany

feuille
ravina

panneau indicateur
tondro famantarana

chemin
làlana

pré
kijana

pierre
vato

arbre
hazo

randonneur
mpihani-bohitra

rivière
renirano

herbe
bozaka

fleur
voninkazo

vallée

lemaka

montagne

vohitra

lac

laka

forêt

ala

désert

tany hay

volcan

volkano

château

rova

arc-en-ciel

avana

champignon

holatra

palmier

hazom-boanio

moustique

moka

mouche

lalitra

fourmis

vitsika

abeille

tantely

araignée

hala

scarabée

voangory

grenouille

sahona

écureuil

vontsira

hérisson

trandraka

lapin

bitro

chouette

vorondolo

oiseau

vorona

cygne

gisabe

sanglier

lambo

cerf

cerf

élan

voalavo

barrage

toha-drano

éolienne

helisy ahodin-drivotra

panneau solaire

takela-masoandro

climat

toetr'andro

serveur
mpandroso sakafo

menu
menu

chaise
seza

soupe
lasopy

pizza
pizza

services
fitaovam-pihinanana

nappe
lamban-databatra

hors d'œuvre
....
entrée

plat principal
....
sakafo fototra

dessert
....
desera

boissons
....
zava-pisotro

alimentation
....
sakafo

bouteille
....
tavoahangy

fast-food

fast food

plats à emporter

sakafo an-dalambe

théière

fitoerana dite

sucrier

fitoeran-tsiramamy

portion

singany

machine à expresso

milina espresso

chaise haute

seza avo

facture

faktiora

plateau

lovia fandrosoana sakafo

couteau

antsy

fourchette

sotrorovitra

cuillère

sotro

cuillère à thé

sotrokely

serviette

servieta

verre

vera

assiette

vilia

assiette à soupe

vilian-dasopy

soucoupe

vilia bory

sauce

saosy

salière

fitoeran-tsira

moulin à poivre

milina dipoavatra

vinaigre

vinaingitra

huile

solika

épices

zava-manitra

ketchup

ketchup

moutarde

voan-tsinapy

mayonnaise

maionezy

supermarché
supermarché

offre promotionnelle
fihenam-bidy

client
mpividy

produits laitiers
sakafo avy amin'ny ronono

caddie
chariot

fruits
voankazo

boucherie
mpivaro-kena

boulangerie
mpivarotra mofo

peser
mandanja

légumes
legioma

viande
hena

aliments surgelés
sakafo nampangatsiahana

charcuterie

hena voahendy

conserves

sakafo am-by fotsy

poudre à lessive

vovon-tsavony

bonbons

vatomamy

articménagers

fitaovana an-tokatrano

détergents

fitaovana fanadiovana

vendeuse

mpivarotra

caisse

toerana fandoavam-bola

caissier

mpandray vola

liste d'achats

lisitry ny zavatra vidiana

heures d'ouverture

ora fiasana

portefeuille

portefeuille

carte de crédit

fahana amin'ny karatra

sac

harona

sac en plastique

harona plastika

boissons

zava-pisotro

eau

rano

jus de fruit

ranom-boankazo

lait

ronono

coca

coca

vin

divay

bière

labiera

alcool

toaka

chocolat chaud

sôkôlà mafana

thé

dite

café

kafe

expresso

espresso

cappuccino

cappuccino

banane

akondro

pomme

paoma

orange

laoranjy

melon

voatango

citron

voasarimakirana

carotte

karaoty

ail

tongolo gasy

bambou

volobe

oignon

tongolo

champignon

holatra

noisettes

voamaina

pâtes

paty

spaghettis

spaghetti

riz

vary

salade

salady

frites

ovy frity

pommes de terre rôties

ovy voaendy

pizza

pizza

hamburger

hamburger

sandwich

sandwich

escalope

didin-kena

jambon

lambo sira

salami

salami

saucisse

saosisy

poulet

akoho

rôti

hena mendy

poisson

trondro

flocons d'avoine

varin-tsoavaly

muesli

muesli

cornflakes

cornflakes

farine

lafarinina

croissant

croissant

petits-pains

mofodipaina kely

pain

mofo

pain grillé

mofo natono

biscuits

bisky

beurre

dobera

fromage blanc

fromazy fotsy

gâteau

mofomamy

œuf

atody

œuf au plat

atody nendasina

fromage

fromazy

glace

lagilasy

sucre

siramamy

miel

tantely

confiture

kaonfitira

crème nougat

crème nougat

curry

curry

ferme
tranom-bokatra

grange
tranom-bokatra

botte de paille
feheza-mololo

champ
tanim-boly

cheval
soavaly

remorque
fiara fitarika

poulain
zana-tsoavaly

tracteur
traktera

âne
apondra

mouton
ondry

agneau
zanak'ondry

chèvre
osy

vache
omby vavy

veau
omby

porc
kisoa

porcelet
zana-kisoa

taureau
omby

oie

gisa

canard

gana

poussin

zanak'akoho

poule

akoho vavy

coq

akoho lahy

rat

voalavo

chat

saka

souris

voalavo tondro

bœuf

omby

chien

alika

chenil

tranon'alika

tuyau de jardin

fantsona fanondrahana rano

arrosoir

fanondrahana

faucheuse

antsy biloka

charrue

angadin'omby

faucille

antsim-bilona

pioche

antsetra

fourche

farango vy

hache

famaky

brouette

borety

cuve

dababe

pot à lait

boatin-dronono

sac

harona

clôture

fefy

étable

tranom-biby

serre

talatalan-jaridaina

sol

tany

semences

ambeoka

engrais

zezika

moissonneuse-batteuse

milina mpijinja vokatra

récolter

vokatra

récolte

vokatra

igname

saonjo

blé

varimbazaha

soja

saozaha

pomme de terre

ovy

maïs

katsaka

colza

colza

arbre fruitier

hazo fihinam-boa

manioc

mangahazo

céréales

voamadinika

cheminée
fivoahan-tsetroka

toit
tafo

gouttière
gotera

fenêtre
varavarankely

garage
garazy

sonnette
lakolosim-baravarana

porte
varavarana

poubelle
toeram-pako

boîte aux lettres
boatin-taratasy hafatra

jardin
zaridaina

salon
efitra fandraisam-bahiny

chambre de bain
efitra fandroana

cuisine
lakozia

chambre à coucher
efitra fatoriana

chambre d'enfant
efitranon'ny ankizy

salle à manger
efi-trano fisakafoanana

sol

tany

mur

rindrina

plafond

valindrihana

cave

lakavy

sauna

sauna

balcon

tsimahalavo

terrasse

lavarangana

piscine

dobo filomanosana

tondeuse à gazon

mpanapaka bozaka

fourre de duvet

lambam-pandriana

couette

koety

lit

fandriana

balai

kifafa

sceau

sô

interrupteur

interrupteur

papier peint
sary apetaka

image
sary

lampe
lampy

étagère
talantalana

armoire
lalimoara

cheminée
anjorinafo

télé
fahitalavitra

fleur
voninkazo

coussin
lafika

canapé
sofà

vase
vazy

télécommande
telekaomandy

tapis
tapis

rideau
takom-baravarana

table
latabatra

chaise
seza

chaise à bascule
seza savily

fauteuil
seza mihaja

livre

boky

couverture

lamba firakotra

décoration

asa fandravahana

bois de chauffage

hazo fandrehitra

film

horonantsary

chaîne hi-fi

fitaovana hi-fi

clé

fanalahidy

journal

gazety

peinture

loko

poster

sary famantarana

radio

radio

bloc-notes

kahie fanao tadidy

aspirateur

aspiratera

cactus

raketa

bougie

labozia

frigo
frizidera

four à micro-ondes
fatana micro-onde

balance de cuisine
fandanjana sakafo

toasteur
milina fanendy mofo

détergent
fandiovana

compartiment congélateur
talatalana fampangatsiahana

four
lafaoro

poubelle
toeram-pako

lave-vaisselle
fanadiovana vilia

four

lafaoro

casserole

vilany

marmite

vilany vy

wok/kadai

wok / kadai

poêle

lapoaly

bouilloire électrique

fitaovana fampangotrahana
rano

cuiseur vapeur

vilany mandeha entona

plaque de cuisson

lovia fisaka

vaisselle

fitaovan-dakozia

gobelet

zinga

bol

vilia baolina

baguettes

hazokely fihinanana

louche

sotrobe lavatango

spatule

spatule

fouet

fanakapohana atody

passoire

fanatantavanana

tamis

lovia sivana

râpe

fanakikisana

mortier

laona

barbecue

kiendiendy

cheminée

fivoahan'ny setroka

planche à découper

akalana fitetehana

rouleau à pâtisserie

kodia fandamàna koba

tire-bouchon

fisontonana bosoa

boîte

boaty

ouvre-boîte

fanokafana boaty

maniques

fitazomana vilany

lavabo

lavabô

brosse

borosy

éponge

spaonjy

mixeur

miksera

congélateur

fitaovana fampangatsiahana

biberon

tavoahanginono

robinet

paompy

chambre de bain
efitra fandroana

douche
efitra fandroana

chauffage
fanafanana

serviette
servieta

rideau de douche
lamba fanakon'efitra fandroana

bain moussant
menaka fandroana mandroatra

baignoire
koveta fandroana

verre
vera

machine à laver
milina fanasana lamba

robinet
paompy

carrelage
taila

pot
tavimandry

lavabo
lavabô

toilettes

efitrano fidiovana

toilette à turque

kabone mitsingo

bidet

bidet

urinoir

fipipizana

papier toilette

taratasy fidiovana

brosse à toilette

borosy fampiasa an-kabone

brosse à dents
borosinify

dentifrice
famotsia-nify

fil dentaire
kofehy fanadiova-nify

laver
manasa

douche manuelle
fisaika enti-tànana

douche intime
fanadiovana fivaviana

vasque
kovetabe

brosse dorsale
borosin-damosina

savon
savony

gel douche
el fampiasa rehefa misaika

shampooing
shampoo

gant de toilette
fonon-tànana enti-misaika

écoulement
tsiranoka

crème
crème fanosotra

déodorant
fanalana fofona

miroir

fitaratra

miroir cosmétique

fitaratra fihaingo

rasoir

hareza

mousse à raser

raotra fiharatra

après-rasage

menaka haratra

peigne

fiogo

brosse

borosy

sèche-cheveux

fitaovana fanamainam-bolo

laque pour cheveux

atsifotra amin'ny volo

fond de teint

fikarakarana tarehy

rouge à lèvres

lokomena

vernis à ongles

haingo hoho

ouate

vohavohan-dandihazo

coupe-ongles

fanapahana hoho

parfum

ranomanitra

trousse de toilette

fitoerana fitaovana an-kabone

tabouret

sezabory

balance

fandanjana olona

peignoir

akanjo enti-matory

gants de nettoyage

fonon-tànana enti-manadio

tampon

servieta fanary

serviettes hygiéniques

lamba fampiasa amin'ny fadimbolana

toilette chimique

kabone simika

réveil
famohamandry

doudou
saribakoly

voiture jouet
fiara kilalao

hochet
korintsana

maison de poupée
tranon-tsaribakoly

cadeau
fanomezana

ballon	lit	poussette
balaonina	fandriana	posety

jeu de cartes	puzzle	bande dessinée
lalao karatra	puzzle	sariitatra

pièces lego

lalao legô

blocs de construction

kilalao fananganana trano

figurine

sarivongana kely

grenouillère

grenera

frisbee

Frisbee

mobile

mobile

jeu de société

jeu de société

dé

kodiakely

train miniature

lamasinina kely

sucette

solonono

fête

fety

livre d'images

boky feno sary

balle

baolina

poupée

saribakoly

jouer

milalao

bac à sable

kovetam-pasika

balançoire

savily

jouets

kilalao

console de jeu

kilalao video

tricycle

tricycle

ours en peluche

teddy orsa

armoire

fitoeran'akanjo

vêtements

akanjo

chaussettes

bà kiraro

bas

bàn-tongotra

collant

akanjo manara-batana

écharpe
foloara

parapluie
elo

t-shirt
t-shirt

ceinture
fehin-kibo

bottes
baoty

pantoufles
kapa fitondra an-tranc

baskets
kiraro tenisy

sandales
kapa

chaussures
kiraro

bottes de caoutchouc
baoty fingotra

linge de corps
atinakanjo

soutien-gorge
tatinono

maillot de corps
akanjo feno

vêtements - akanjo

body

vatana

pantalon

pataloha

jean

jean

jupe

zipo

chemisier

akanjo ambony

chemise

lobaka

pull

pull

pull-over à capuche

akanjo sarotro

veste

palitao

veste

palitao

manteau

palitao

imperméable

akanjo aro-orana

costume

akanjo fianjaika

robe

fitafim-behivavy

robe de mariée

akanjon'ny ampakarina

costume

akanjo fianjaika

chemise de nuit

akanjo-mandry

pyjama

pijamà

sari

sari

foulard

sarondoha

turban

turban

burqa

burqa

caftan

kaftan

abaya

abaya

maillot de bain

akanjo fitondra milomano

costume de bain

akanjo fitondra milomano

cuissettes

pataloha fohy

tenue d'entraînement

akanjo fitena

tablier

tablie

gants

fonon-tànana

bouton

bokotra

lunettes

solomaso

bracelet

brasele

collier

rojo

bague

peratra

boucle d'oreille

kavina

bonnet

satroka

cintre

fanantonana palitao

chapeau

satroka

cravate

fehivozo

fermeture éclair

hidikorisa

casque

aroloha

bretelles

beritelo

uniforme scolaire

fanamian'ny mpianatra

uniforme

fanamiana

bavoir

bavoara

sucette

solonono

couche

taty

bureau
birao

serveur
serveur

armoire d'archivage
lalimoara fitahirizana

imprimante
mpanao pirinty

écran
efijoro

papier
taratasy

bureau
latabatra

souris
voalavo tondro

classeur
klasera

clavier
klavie

corbeille à papier
fanariana fako taratasy

ordinateur
solosaina

chaise
seza

tasse à café

kaopin-kafe

calculatrice

mpikajy

internet

aterineto

ordinateur portable

solosaina maivana

lettre

taratasy

message

hafatra

portable

mobile

réseau

tambajotra

photocopieuse

imprimante

logiciel

rindrambaiko

téléphone

finday

prise

prizy

fax

fax

formulaire

efitra fenoina

document

fehezan-taratasy

acheter

mividy

payer

mandoa vola

marchander

misera

monnaie

vola

dollar

dôlara

euro

euro

yen

yen

rouble

rouble

franc suisse

Franc suisse

renminbi yuan

renminbi yuan

roupie

roupie

distributeur automatique

fangalàna vola

bureau de change

toerana fanakalozana vola

or

volamena

argent

volafotsy

pétrole

solika

énergie

angovo

prix

vidiny

contrat

fifanekena

taxe

hetra

action

action borsa

travailler

miasa

employé

mpiasa

employeur

mpampiasa

usine

orinasa

magasin

fivarotana

agent de police
mpitandro filaminana

pompier
mpamonjy voina

cuisinier
mahandro

médecin
dokotera

pilote
mpanamory

jardinier

mpikarakara zaridaina

menuisier

mpandrafitra

couturière

vehivavy mpanjaitra

juge

mpitsara

chimiste

mpahay simia

acteur

mpilalao sarimihetsika

conducteur de bus

mpamily fiara fitateram-
bahoaka

chauffeur de taxi

mpamily fiarakaretsaka

pêcheur

mpanjono

femme de ménage

vehivavy mpanadio

couvreur

mpanao tafo

serveur

mpandroso sakafo

chasseur

mpihaza

peintre

mpandoko

boulanger

mpanao mofo

électricien

elektrisianina

ouvrier

mpanao trano

ingénieur

injeniera

boucher

mivaro-kena

plombier

plombier

facteur

faktera

soldat

miaramila

architecte

mpanao mari-trano

caissier

mpandray vola

fleuriste

mpivarotra voninkazo

coiffeur

mpanao volo

contrôleur

mpizara tapakila

mécanicien

mpahay mekanika

capitaine

kapiteny

dentiste

mpitsabo nify

scientifique

siantifika

rabbin

raby

imam

imam

moine

moanina

prêtre

pretra

marteau
maritoa

pinces
pince

tournevis
tournevis

clé
kle

torche
tôrsa

pelleteuse
pelleteuse

boîte à outils
boaty fanisy fitaovana

échelle
tohatra

scie
tsofa

clous
fantsika

perceuse
perceuse

réparer

manarina

pelle

lapela

Mince!

Kyy!

pelle

angadim-pako

pot de peinture

boatin-doko

vis

visy

instruments de musique
zava-maneno

batterie
vata maro anaka

haut-parleur
haut-parleur

guitare
gitara

contrebasse
contrebasse

trompette
trompetra

piano

vata maro afitsoka

violon

lokanga

basse

basse

timbales

amponga timpani

tambour

aponga

piano électrique

klavie

saxophone

saksa

flûte

sodina

microphone

mikrao

entrée
fidirana

tigre
tigra

cage
tranon-gadra

zèbre
zebra

alimentation animale
sakafom-biby

panda
pandà

animaux
biby

éléphant
elefanta

kangourou
kangoroa

rhinocéros
rinôserôsy

gorille
gôrila

ours
orsa

chameau

rameva

autruche

aotrisy

lion

liona

singe

rajako

flamand rose

sama

perroquet

boloky

ours polaire

orsa polera

pingouin

pengoa

requin

atsantsa

paon

vorombola

serpent

bibilava

crocodile

voay

gardien de zoo

mpiandry valan-javaboary

phoque

fôko

jaguar

jagoara

poney

poney

léopard

leopara

hippopotame

hipôpôtamo

girafe

zirafa

aigle

voromahery

sanglier

lambo

poisson

trondro

tortue

sokatra

morse

môrsa

renard

renard

gazelle

gazely

sports
fanatanjahan-tena

american Football
Football amerikana

cyclisme
hazakazaka am-bisikileta

tennis
tennis

basket-ball
baskety

natation
lomano

boxe
boxe

hockey sur glace
hockey an-dranomandry

football
baolina kitra

badminton
badminton

athlétisme
atletisma

handball
handball

ski
ski

polo
polo

rire
mihomehy

[s]auter
[i]tsambikina

embrasser
mamihina

marcher
mandeha

chanter
mihira

rêver
manonofy

prier
mivavaka

faire la bise
manoroka

écrire
manoratra

dessiner
manao sary

montrer
maneho

pousser
manosika

donner
manome

prendre
mandray

avoir

manana

faire

manao

être

mizovy

être debout

mijoro

courir

mihazakazaka

trier

misintona

jeter

manary

tomber

lavo

être couché

mandry

attendre

miandry

porter

mitondra

être assis

mipetraka

s'habiller

miakanjo

dormir

matory

se réveiller

mifoha

regarder

mijery

pleurer

mitomany

caresser

fahatapahan'ny lalan-dra

peigner

fiogo

parler

miresaka

comprendre

mahay

demander

milaza

écouter

mihaino

boire

misotro

manger

mihinana

ranger

mandamina

aimer

mitia

cuire

mahandro

conduire

mamily

voler

lalitra

faire de la voile

miandriaka

calculer

mikajy

lire

mamaky

apprendre

mianatra

travailler

miasa

se marier

mivady

coudre

manjaitra

se brosser les dents

miborosy nify

tuer

mamono

fumer

mifoka

envoyer

mandefa

famille
fianakaviana

grand-mère
renibe

grand-père
dadabe

père
ray

mère
reny

bébé
zaza

fille
zanaka vavy

fils
zanaka lahy

hôte

vahiny

tante

nenitoa

oncle

dadatoa

frère

rahalahy

sœur

rahavavy

famille - fianakaviana

67

corps

vatana

front
handrina

œil
maso

épaule
soroka

doigt
rantsan-tànana

visage
tarehy

menton
saoka

main
tànana

poitrine
nono

jambe
ranjo

bras
sandry

bébé
zaza

homme
lehilahy

femme
vehivavy

fille
vavy

garçon
lahy

tête
loha

dos

lamosina

ventre

kibo

nombril

foitra

orteil

rantsan-tongotra

talon

voditongotra

os

taolana

hanche

valahana

genou

lohalika

coude

kiho

nez

orona

fesses

vody

peau

hoditra

joue

takolaka

oreille

sofina

lèvre

molotra

bouche

vava

dent

nify

langue

lela

cerveau

saina

cœur

fo

muscle

ozatra

poumons

havokavoka

foie

aty

estomac

vavony

reins

voa

rapport sexuel

firaisana ara-nofo

préservatif

fimailo

ovule

tsirivavy

sperme

ranonaina

grossesse

vohoka

menstruation

fadimbolana

vagin

fivaviana

pénis

filahiana

sourcil

volomaso

cheveux

volo

cou

tenda

hôpital
hopitaly

hôpital
hopitaly

ambulance
fiara mpitondra marary

fauteuil roulant
seza mikorisa

fracture
fahatapahan'ny taolana

médecin

dokotera

service des urgences

efitra vonjy taitra

infirmière

mpitsabo mpanampy

urgence

vonjy taitra

inconscient

tsy mahatsiaro tena

douleur

fanaintainana

blessure

faharatràna

hémorragie

mandeha rà

crise cardiaque

aretim-po

attaque cérébrale

fahatapahan'ny lalan-dra

allergie

tsy fahazakana sakafo

toux

kohaka

fièvre

tazo

grippe

gripa

diarrhée

fivalanana

mal de tête

aretin'an-doha

cancer

homamiadana

diabète

diabeta

chirurgien

dokotera mpandidy

scalpel

antsy fandidiana

opération

fandidiana

CT

TC

radiographie

taratra X

échographie

ekôgrafia

masque

saron-tava

maladie

aretina

salle d'attente

efitrano fiandrasana

béquille

tehina

pansement

taha fery

pansement

bandy

injection

tsindrona

stéthoscope

stetoskopy

brancard

filanjana marary

thermomètre

fitaovana fitsapana
hafanana

accouchement

fahaterahana

surpoids

hatavezana tafahoatra

appareil auditif

fitaovana fandrenesana

désinfectant

famonoana mikraoba

infection

fifindràna aretina

virus

viriosy

VIH / sida

VIH / SIDA

médicament

fitsaboana

vaccination

vaksiny

tablettes

pilina

pilule

pilina

appel d'urgence

antso vonjy taitra

tensiomètre

fitaovana fitsapana tosi-drà

malade / sain

marary / salama

Au secours!

Vonjeo!

alarme

antso fanairana

agression

herisetra

attaque

vono

danger

loza

sortie de secours

fivoahana raha misy loza

Au feu!

Afo!

extincteur

fitaovam-pamonoana afo

accident

loza

trousse de premier secours

fitaovam-pitsaboana
vonjimaika

SOS

SOS

police

pôlisy

Europe

Eoropa

Amérique du Nord

Amerika avaratra

Amérique du Sud

Amerika atsimo

Afrique

Afrika

Asie

Azia

Australie

Aostralia

Océan atlantique

Atlantika

Océan pacifique

Pasifika

Océan indien

Ranomasimbe Indiana

Océan antarctique

Oseana Antarktika

Océan arctique

Oseana Arktika

Pônord

Tendrotany avaratra

Pôsud

Tendrotany atsimo

Antarctique

Antarktika

terre

tany

pays

tany

mer

ranomasina

île

nosy

nation

tanindrazana

état

firenena

cadran

tavam-pamantaranandro

aiguille des heures

tondro ora

aiguille des minutes

tondro minitra

aiguille des secondes

tondro segondra

Quelle heure est-il?

Amin'ny firy izao?

jour

andro

temps

fotoana

maintenant

izao

montre digitale

famantaranandro niomerika

minute

minitra

heure

ora

semaine
herinandro

lundi Alatsinainy — mardi Talata — mercredi Alarobia — jeudi Alakamisy — vendredi Zomà — samedi Sabotsy — dimanche Alahady

hier

omaly

aujourd'hui

androany

demain

ampitso

matin

maraina

midi

atoandro

soir

hariva

jours ouvrables

adro fiasàna

week-end

faran'ny herinandro

pluie
orana

arc-en-ciel
avana

neige
ranomandry

vent
rivotra

printemps
lohataona

automne
fararano

été
vanin-taona maina

hiver
ririnina

météo
vinavina ara-toetrandro

thermomètre
thermomètre

lumière du soleil
tara-masoandro

nuage
rahona

brouillard
zavona

humidité
hamandoana

foudre

tselatra

tonnerre

kotroka

tempête

tafio-drivotra

grêle

havandra

mousson

fahavaratra

inondation

tondra-drano

glace

vaingan-drano

janvier

Janoary

février

Febroary

mars

Martsa

avril

Avrila

mai

Mey

juin

Jiona

juillet

Jolay

août

Aogositra

septembre

Septambra

octobre

Oktobra

novembre

Novambra

décembre

Desambra

formes

endrika

cercle

boribory

carré

efamira

rectangle

efajoro

triangle

telozoro

sphère

bola

cube

goba

blanc

fotsy

jaune

mavo

orange

laoranjy

rose

mavokely

rouge

mena

violet

voloparasy

bleu

manga

vert

maitso

marron

volotany

gris

volondavenona

noir

mainty

beaucoup / peu

betsaka / vitsy

fâché / calme

tezitra / tony

joli / laid

tsara / ratsy

début / fin

fiandohana / fiafarana

grand / petit

lehibe / kely

clair / obscure

mazava / maloka

frère / sœur

rahalahy / rahavavy

propre / sale

madio / maloto

complet / incomplet

feno / banga

jour / nuit

andro / alina

mort / vivant

maty / velona

large / étroit

malalaka / tery

comestible / incomestible

azo hanina / tsy fihinana

méchant / gentil

tsivalahara / tsara fanahy

excité / ennuyé

endratra / sorena

gros / mince

matavy / mahia

premier / dernier

voalohany / farany

ami / ennemi

mpinamana / mpifahavalo

plein / vide

feno / foana

dur / souple

mafy / malefaka

lourd / léger

mavesatra / maivana

faim / soif

noana / mangetaheta

malade / sain

marary / salama

illégal / légal

tsy ara-dalàna / ara-dalàna

intelligent / stupide

mahay / vendrana

gauche / droite

havia / havanana

proche / loin

akaiky / lavitra

oppositions - teny mifanohitra

nouveau / usé

vaovao / tranainy

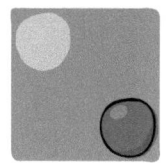

rien / quelque chose

tsy misy / misy

vieux / jeune

antitra / tanora

marche / arrêt

mandeha / maty

ouvert / fermé

mivoha / mihidy

faible / fort

mangina / mitabataba

riche / pauvre

manankarena / mahantra

correct / incorrect

marina / diso

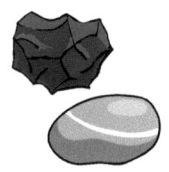

rugueux / lisse

marokoroko / malama

triste / heureux

malahelo / faly

court / long

fohy / lava

lent / rapide

mora / faingana

mouillé / sec

mando / maina

chaud / froid

mafana / mangatsiaka

guerre / paix

ady / fahalemana

nombres

isa

0
zéro
aotra

1
un
iray

2
deux
roa

3
trois
telo

4
quatre
efatra

5
cinq
dimy

6
six
enina

7
sept
fito

8
huit
valo

9
neuf
sivy

10
dix
folo

11
onze
iraikambinifolo

12

douze

roambinifolo

13

treize

teloambinifolo

14

quatorze

efatrambinifolo

15

quinze

dimiambinifolo

16

seize

eninambinifolo

17

dix-sept

fitoambinifolo

18

dix-huit

valoambinifolo

19

dix-neuf

siviambinifolo

20

vingt

roapolo

100

cent

zato

1.000

mille

arivo

1.000.000

million

tapitrisa

anglais

Anglisy

anglais américain

Anglisy amerikana

chinois mandarin

Fiteny sinoa mandarina

hindi

Hindi

espagnol

Espaniola

français

Frantsay

arabe

Fiteny arabo

russe

Fiteny rosiana

portugais

Portogey

bengali

Bengaly

allemand

Alemà

japonais

Japoney

je
izaho

tu
ianao

il / elle
izy / io

nous
isika

vous
ianao

ils / elles
zareo

qui?
iza?

quoi?
inona?

comment?
ahoana?

où?
aiza?

quand?
oviana?

nom
anarana

derrière

aorina

dans

anaty

devant

anoloana

au-dessus

any

sur

ambony

en-dessous

ambany

à côté de

ankila

entre

afovoany

lieu

toerana